BEI GRIN MACHT SICH IHR WISSEN BEZAHLT

- Wir veröffentlichen Ihre Hausarbeit, Bachelor- und Masterarbeit

- Ihr eigenes eBook und Buch - weltweit in allen wichtigen Shops

- Verdienen Sie an jedem Verkauf

Jetzt bei www.GRIN.com hochladen und kostenlos publizieren

Bibliografische Information der Deutschen Nationalbibliothek:

Die Deutsche Bibliothek verzeichnet diese Publikation in der Deutschen Nationalbibliografie; detaillierte bibliografische Daten sind im Internet über http://dnb.d-nb.de/ abrufbar.

Dieses Werk sowie alle darin enthaltenen einzelnen Beiträge und Abbildungen sind urheberrechtlich geschützt. Jede Verwertung, die nicht ausdrücklich vom Urheberrechtsschutz zugelassen ist, bedarf der vorherigen Zustimmung des Verlages. Das gilt insbesondere für Vervielfältigungen, Bearbeitungen, Übersetzungen, Mikroverfilmungen, Auswertungen durch Datenbanken und für die Einspeicherung und Verarbeitung in elektronische Systeme. Alle Rechte, auch die des auszugsweisen Nachdrucks, der fotomechanischen Wiedergabe (einschließlich Mikrokopie) sowie der Auswertung durch Datenbanken oder ähnliche Einrichtungen, vorbehalten.

Impressum:

Copyright © 2011 GRIN Verlag
Druck und Bindung: Books on Demand GmbH, Norderstedt Germany
ISBN: 9783668850194

Dieses Buch bei GRIN:

https://www.grin.com/document/452505

Franziska Rief

Studiengebühren und Soziale Gerechtigkeit

GRIN Verlag

GRIN - Your knowledge has value

Der GRIN Verlag publiziert seit 1998 wissenschaftliche Arbeiten von Studenten, Hochschullehrern und anderen Akademikern als eBook und gedrucktes Buch. Die Verlagswebsite www.grin.com ist die ideale Plattform zur Veröffentlichung von Hausarbeiten, Abschlussarbeiten, wissenschaftlichen Aufsätzen, Dissertationen und Fachbüchern.

Besuchen Sie uns im Internet:

http://www.grin.com/

http://www.facebook.com/grincom

http://www.twitter.com/grin_com

Studiengebühren und Soziale Gerechtigkeit

Ausarbeitung an der Fakultät 11 für angewandte Sozialwissenschaften
der Hochschule München

im Studiengang: Bachelor Soziale Arbeit

WS 2010/2011

Name: Franziska Rief
Fachsemester: 7. Semester

Veranstaltungstitel: Einführung in die Sozialpolitik und das System der
                          sozialen Sicherung

München, den 25.01.2011

Inhaltsverzeichnis

1 Die Einleitung 3

2 Die Rahmenbedingungen der Studiengebühreneinführung 3

    2.1 Die Entwicklung der Studentenzahlen und die bildungspolitische Bedeutung 4

    2.2 Die Hochschulbildungspolitik und die Gesetzgebung 4

    2.3 Die Finanzierung der Hochschulbildung 5

3 Die Studiengebühren für das Erststudium in der BRD 6

    3.1 Die Übersicht 6

    3.2 Die sozialverträgliche Ausgestaltung 8

4 Das Verständnis sozialer Gerechtigkeit im Hochschulbildungssystem 9

    4.1 Die Chancengleichheit 9

    4.2 Die Verteilungsgerechtigkeit 9

5 Der empirische Forschungstand 10

    5.1 Die Darstellung sozialer Selektion im Bildungssystem 10

    5.2 Die Studien zur Verteilungsgerechtigkeit 11

    5.3 Die Studie des HIS-Hochschul-Informations-SystemGmbH 12

6 Das Fazit 12

7 Das Literaturverzeichnis 13

1 Die Einleitung

Seit Anfang des Jahres 2005 bleibt es in Deutschland den Bundesländern überlassen, ob diese allgemeine Studiengebühren, also Gebühren, welche unabhängig von der individuellen Studiendauer zu entrichten sind, einführen oder darauf verzichten. Insgesamt hat das bis jetzt in sieben Bundesländern zu einer Einführung geführt, wobei zwei diese bereits wieder abgeschafft haben. Im Zuge dieser Entwicklung kommt in der Bildungspolitik und der Zivilgesellschaft immer wieder die Frage der Sozialen Gerechtigkeit auf. Die unionsgeführten Bundesländer verweisen darauf, dass Studiengebühren zu keiner sozialen Benachteiligung führen. Vielmehr würden die Studenten durch eine verbesserte Lehre an den Hochschulen profitieren. Diese parteipolitische Gesinnung gibt der CDU-Politiker Dr. Reinhard Löffler des Landtags Baden-Württemberg in einem Film wider.

Die SPD hingegen spricht sich eher gegen Studiengebühren aus, da diese die soziale Ungerechtigkeit fördern würde. Auch innerhalb der Gesellschaft gibt es kein einheitliches Bild. Um sich überhaupt einen Standpunkt zu diesem Thema erlauben zu können, bedarf es dem nötigen Fachwissen. Deshalb umfasst die vorliegende Ausarbeitung die folgenden Inhalte: Die Rahmenbedingungen der Studiengebühren (Punkt 2), Die Studiengebühren für das Erststudium in der BRD (Punkt 3), Das Verständnis sozialer Gerechtigkeit im Hochschulbildungssystem (Punkt 4), Der empirische Forschungstand (Punkt 5) und Das Fazit (Punkt 6).

2 Die Rahmenbedingungen der Studiengebühreneinführung

Die hochschulpolitische, finanzielle und gesellschaftliche Vorgeschichte im Zusammenhang mit der Einführung der Studiengebühren an den Hochschulen bedarf einer genaueren Betrachtung. Vorab sei erwähnt, dass der Begriff Hochschulen in der Arbeit so verwendet wird, wie es das Statistischen Bundesamt vorgibt, nämlich als Sammelbegriff, hinter dem sich die verschiedenen Hochschultypen; Universitäten, Pädagogischen Hochschulen, Theologischen Hochschulen, Kunsthochschulen und Verwaltungsfachhochschulen und die Fachhochschulen beziehungsweise Hochschulen verbergen.

2.1 Die Entwicklung der Studentenzahlen und die bildungspolitische Bedeutung

Ausgehend von Amerika wurde in Deutschland, ab den 60er Jahren erkannt wie bedeutsam der Zusammenhang zwischen Wirtschaftswachstum und qualifizierten Arbeitskräften ist. Vor allem als der Pädagoge Georg Picht einen Artikel mit dem Titel „Die deutsche Bildungskatastrophe" veröffentlichte, indem er auf die geringe Zahl an Studienabsolventen und lange Studiendauern hinwies, gewann die Hochschulbildung in Politik und Gesellschaft zunehmend an Bedeutung. Dieser Umschwung führte zu einer besseren personellen und finanziellen Ausstattung an den Hochschulen. Für die erste Hälfte der 70er Jahre konnte eine Studentenzahl von 750 000 ausgemacht werden. Hierbei ließ sich eine kontinuierliche Zunahme verzeichnen. Es lag die Prognose vor, dass Anfang der 80er Jahre ein starker Anstieg der Studierendenzahlen erfolgen wird, dieser aber gegen Ende der Dekade wieder sinken wird. Deshalb einigten sich Bund und Länder 1977 auf den sogenannten Öffnungsbeschluss. Dieser verordnete den Hochschulen eine Mehraufnahme von Studenten über ihre Ressourcen hinaus, bis der Studentenberg überwunden sein würde. Zu einem Rückgang der Anzahl der Studenten kommt es wider Erwarten nicht, sodass die Studentenzahl 1992 bei 1,8 Millionen und 2003 sogar bei 2,02 Millionen liegt. (vgl. Kraus 2008, S.22ff., S.36f.)

2.2 Die Hochschulbildungspolitik und die Gesetzgebung

Ein wichtiger Schritt in der Hochschulbildungspolitik war die Grundgesetzänderung im Jahr 1969, welche dem Bund erstmalig das Recht gab, Rahmenvorschriften über grundsätzliche Fragen des Hochschulwesens zu erlassen. Davon machte der Bund 1976 durch das erste Hochschulrahmengesetz Gebrauch. Schließlich kam es am 27.10.1994 zu einer weiteren Grundgesetzänderung. (vgl. ebd., S.18f.)

Die wesentlichen Änderungen geben der Artikel 75 Abs.1 S.1Nr.1a GG in Verbindung mit Art. 72GG wider. Danach darf der Bund nur noch Rahmenvorschriften erlassen, wenn diese „(...) zur Herstellung gleichwertiger Lebensverhältnisse im Bundesgebiet oder zur Wahrung der Rechts- oder Wirtschaftseinheit im gesamtstaatlichen Interesse erforderlich (..)"(BVerfG, 2 BvF 1/03 vom 26. Januar 2005, Absatz-Nr. (1–94)) sind. Im Jahr 2002 trat unter der Regierungskoalition SPD und Grüne, die 6. Novelle des Hochschulrahmengesetzes, welches das Studiengebührenverbot beinhaltet, in Kraft. Daraufhin reichten am 24.05.2003 die Ministerpräsidenten der unionsgeführten Länder, Bayern, Baden-Württemberg, Hamburg, Sachsen, Sachsen-

Anhalt und Saarland einen Normkontrollantrag gegen die 6. Novelle des Hochschulrahmengesetzes ein. Am 26.01.2005 folgte das Urteil des Bundesverfassungsgerichts. Es besagt, dass der Bund mit dem Verbot von Studiengebühren innerhalb des sechsten Hochschulrahmengesetzes seine Regelungsbefugnis, wie sie 1994 im Grundgesetz neu verankert wurde, überschritten hatte. Desweiteren hätten die Bundesländer den Auftrag, für die Wahrung gleicher Bildungschancen zu sorgen. Dieser Aspekt wird im Punkt 4.1. genauer erläutert. Seit diesem Tag dürfen somit die Länder nun mehr eigenverantwortlich darüber bestimmen, ob sie Studiengebühren einführen oder darauf verzichten. (vgl. Kraus 2008, S.32ff.)

2.3 Die Finanzierung der Hochschulbildung

Mit dem politischen Entscheid zum Öffnungsbeschluss begann die Unterfinanzierung der Hochschulen. Dies belegte die Hochschulrektorenkonferenz (2004): Es seien *„(...) die Ausgaben für die Lehre je Studierenden, real im Zeitraum 1980 bis 2001 um ein Sechstel zurückgegangen"*. (HRK 2004, 3. Die gegenwärtige Finanzierung des Hochschulbereichs) Auch in den Jahren 2002 und 2003 setzte sich dieser Abwärtstrend fort, *„(...) da die Zahl der Studierenden seit 2001 um weitere 100.000 angestiegen ist, Finanzzuwächse aber nicht stattgefunden haben."* (HRK 2004, 3. Die gegenwärtige Finanzierung des Hochschulbereichs) Letztlich wurde die Grundfinanzierung der Hochschulen durch die Bundesländer gesichert. Wie deren Haushaltslage von 1990-2005 war, zeigt die folgende Abbildung:

Abbildung 1: Das Gesamtdefizit der Länder (in Mio. Euro)

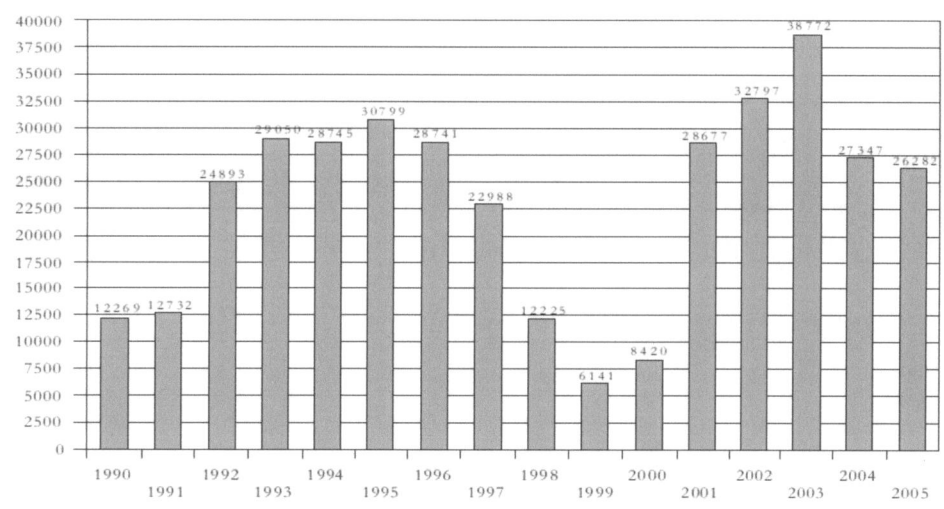

Quelle: Statistisches Bundesamt, Fachserie 14, Reihe 2 nach Kraus 2008, S.40

Werden die Daten im Bezug gesetzt zum Zeitraum in dem Studiengebühren politisch debattiert wurden, so lässt sich feststellen, dass im Jahr 2003 ausgehend von dem niedrigen Anfangsniveau im Jahr 2001, der höchste Defizitstand mit 38 Milliarden Euro vorlag. Zeitgleich war die Studentenzahl mit 2,02 Millionen sehr hoch. Diese Ausgangslage generierte sicherlich einen Handlungsdruck, dem je nach politscher Fraktion unterschiedlich begegnet wurde. An dieser Stelle sei auf die differenten Haltungen zu Studiengebühren von der SPD oder den Grünen und der CDU/CSU hingewiesen. (vgl. Kraus 2008, S.40f.)

3 Die Studiengebühren für das Erststudium in der BRD

3.1 Die Übersicht

Ein Überblick über die Bundesländer in Deutschland, die Studiengebühren erheben liefert die nächste Abbildung:

Abbildung 2: Übersicht über Länder mit Studiengebühren, Stand 2010

Quelle: Modifizierte Darstellung aus DAAD 2010, Studiengebühren in Deutschland und DSW 2010b, Übersicht: Studiengebühren in den 16 Bundesländern

Es wird deutlich, dass aktuell in den Bundesländern Baden-Württemberg, Nordrhein-Westfalen, Bayern, und Niedersachsen allgemeine, in Hamburg nachgelagerte Studiengebühren[1] erhoben werden. Die Gebühren wurden erstmals zum Sommersemester 2007 von den Studierenden abverlangt, wobei Niedersachsen und Nordrhein-Westfalen von Studienanfängern die Beiträge schon zum Wintersemester 2006/2007 einforderten. Die restlichen Bundesländern führten nach dem Urteil des Bundesverfassungsgerichts keine allgemeinen Studienbeiträge ein, oder haben diese schon wieder abschafft, wie es in Hessen und Rheinland-Pfalz der Fall war. Bereits existierende Gesetze zur Erhebung von Langzeit- Zweitstudiengebühren, oder Studienkontenmodelle beziehungsweise Regelungen über die Gebührenfreiheit würden fortgesetzt. Die vier Länder, in denen gegenwärtig allgemeine Studiengebühren erhoben werden, haben etwas unterschiedliche Gebührenmodelle entwickelt. Diese orientieren sich alle an dem Pro-Semesterbeitrag von 500 Euro. In Bayern und Nordrhein-Westfalen dürfen die Hochschulen dezentral in einem vom jeweiligen Land gewährten Spielraum Beiträge erheben, wohingegen die Hochschulen der anderen zwei Bundesländer einheitlich 500 Euro einzufordern haben. Dabei ist erwähnenswert, dass die gesetzliche Regelung in Bayern den Hochschulen für angewandte Wissenschaften das Recht gewährt, 100-500 Euro zu veranschlagen. Für die bayerischen Universitäten gilt der Preiskorridor 300-500 Euro. In Nordrhein-Westfalen legen die staatlichen Bildungseinrichtungen selbst fest, ob sie keine oder Beiträge von bis zu 500 Euro von ihren StudentenInnen abverlangen möchten. Im Stadtstaat Hamburg wurde das Gebührenmodell von allgemeinen Studiengebühren auf nachgelagerte im Wintersemester 2009/2010 umgestellt. Die neue Beitragsform gibt den Studenten die Möglichkeit der zinsfreien Stundung und Rückzahlung der Studiengebühren erst nach dem Studium. Dabei wird das Geld erst ab einem Verdienst von 30.000 Euro brutto eingefordert. Sofern zehn Jahre am Stück diese Einkommensschwelle nie überschritten wird, sieht Hamburg vom Einziehen der Gebühren für immer ab. (vgl. DSW

---

[1] Die Bundesländer Baden-Württemberg und Hamburg verwenden die Begrifflichkeit Studiengebühren, wohingegen Bayern, Niedersachsen und Nordrhein-Westfallen die Bezeichnung Studienbeiträge gebrauchen. Nach Verweise auf diese Besonderheit werden die beiden Betitlungen im weiteren Verlauf der Studienarbeit als Synonyme verwendet.

2010a, Informationen zu allgemeinen Studiengebühren/Studienbeiträgen und vgl. Ebcinoglu 2006)

3.2 Die sozialverträgliche Ausgestaltung

Die vier Bundesländer mit allgemeinen Studiengebühren haben in ihren gesetzlichen Regelungen eine Ausnahme von der Gebührenpflicht und Beitragsbefreiungsmöglichkeiten, die bei bestimmten Sondertatbeständen wirksam werden, mit aufgenommen. Mit dieser sozialverträglichen Ausgestaltung kommen sie der Forderung des Bundesverfassungsgerichts, einen gerechten Zugang zur Hochschulbildung zu gewährleisten, nach. In Bayern, Baden-Württemberg, Niedersachsen und Nordrhein-Westfalen gilt einheitlich eine Ausnahme von den Studiengebühren für Semester, in denen die Studierenden eine geringere Lehrleistung beziehen. Dazu zählt unter anderem das Urlaubs- und Praxissemester. Als soziale Befreiungsgründe gelten die Betreuung eines Kindes, das die von den Ländern unterschiedlich festgelegte Altersgrenze nicht übersteigt oder aber auch, mit Ausnahme von Bayern, das Vorliegen einer erheblich studienerschwerenden oder studienzeitverlängernden Auswirkung einer Behinderung oder Erkrankung. Darüber hinaus sind in allen Gesetzen Härtefallregelungen verankert. Deren Formulierungen schließen die Anwendbarkeit bei finanziellen Engpässen buchstäblich aus und weisen auf die Möglichkeit der Aufnahme eines von Eltern unabhängigen, niedrig verzinsten Darlehens hin, welches von den Förder- und Landesbanken vergeben wird. Während die Hochschulen in Nordrhein-Westfalen selbst darüber entscheiden und per Satzung festlegen, ob sie bei den oben aufgeführten, beziehungsweise bei den gesetzlich festgelegten Sondertatbeständen eine Befreiung der Gebühren ermöglichen wollen, bleibt den Hochschulen der anderen drei Ländern nur bei wenigen Sondertatbeständen, beispielsweise bei der Verwendung von Studiengebühren für Stipendien, ein Ermessensspielraum. So dürfen in Bayern bis zu zehn Prozent der Gebühren für Stipendien verwendet werden. (vgl. DSW 2010a, Informationen zu allgemeinen Studiengebühren/Studienbeiträgen, Ebcinoglu 2006)

4 Das Verständnis sozialer Gerechtigkeit im Hochschulbildungssystem

4.1 Die Chancengleichheit

Hinter dem Begriff Chancengleichheit verbirgt sich die *„Sozialpolitische Maxime, die für alle Bürger unabhängig von ihrer sozialen Herkunft das Recht auf gleiche Lebens- und Sozialchancen in Ausbildung und Beruf fordert."* (Schubert und Klein 2006, Chancengleichheit) Diese Maxime der gleichen Startchancen für alle wurde in der Bundesrepublik Deutschland zu Beginn der 60er Jahre von der SPD, Anfang der 70er Jahre schließlich von der Union aufgenommen. (vgl. Schubert und Klein 2006, Chancengleichheit) In seinem Urteil vom 26.01.2005 führte auch das Bundesverfassungsgericht unter Bezugnahme auf die Artikel 13 Abs.1 S.1 und Artikel 13 Abs.2c des Sozialpakts diese Maxime auf. Das Gericht ging davon aus, *„(...) dass die Ländern in eigenverantwortlicher Wahrnehmung der sie - nicht anders als den Bund - treffenden Aufgabe zu sozialstaatlicher, auf die Wahrung gleicher Bildungschancen (...) bedachter Regelung bei einer Einführung von Studiengebühren den Belangen einkommensschwacher Bevölkerungskreise angemessen Rechnung tragen werden."* (BVerfG, 2 BvF 1/03 vom 26. Januar 2005, Absatz-Nr. (1–94))

4.2 Die Verteilungsgerechtigkeit

„Der Begriff „Verteilungsgerechtigkeit" bezieht sich (..) auf die politische Begrenzung und Korrektur von ungleichen Chancen der Teilhabe an den Gütern, die ein (..) eigenständiges Leben von Individuen, Gruppen und Gemeinwesen erst ermöglichen." (Elsen 2009, S.3)

Im deutschen, demokratischen Wohlfahrtstaat erfolgt die Begrenzung und Korrektur in unterschiedlicher Form unter anderem durch die Umverteilung mittels Steuern und Transfers, wie es zum Beispiel bei der progressive Einkommenssteuer oder der Vergabe von Sozialhilfe umgesetzt wird und über die Grundversorgung mit öffentlichen Gütern, beispielsweise dem Sicherungssystem oder dem (Hoch-) Schulbildungssystem.

5 Der empirische Forschungstand

5.1 Die Darstellung sozialer Selektion im Bildungssystem

Zum vollständigen Verständnis, weshalb die Frage nach der sozialen Gerechtigkeit von Studiengebühren zu derart überhitzten Debatten führt, gehört die Betrachtung der Hochschulbildungsbeteiligung von Kindern aus nichtakademischen gegenüber Jungen und Mädchen aus akademischen Verhältnissen, wie sie in der nachfolgenden Abbildung dargestellt ist.

Abbildung 3: Bildungstrichter 2005: Schematische Darstellung sozialer Selektion – Bildungsbeteiligung von Kindern nach akademischen Abschluss des Vaters in %

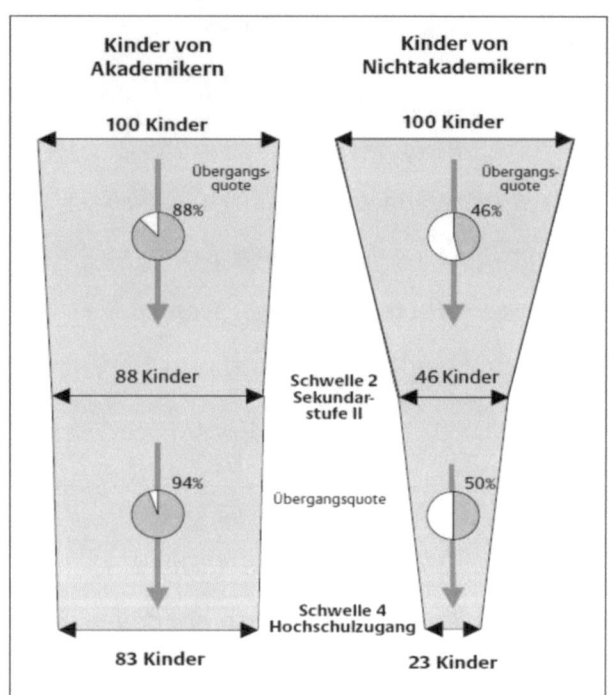

Quelle: StBA, Sonderauswertung Mikrozensus 2001 und 2005, HIS-Studienanfängerbefragung 2005 nach BMBF 2007, DSW/HIS 18. Sozialerhebung S.8

Die wesentlichen Ergebnisse dieser Auswertung sollen ebenfalls schriftlich erläutert werden: Bei diesem Extremgruppenvergleich von jeweils 100 Kindern von Akademikern und 100 Kindern von Vätern ohne Hochschulabschluss auf der anderen Seite zeigt sich beim Übergang auf die Sekundarstufe 2, der gymnasialen Oberstufe 11-13, mit 88% versus 46% bereits ein deutlicher selektiver Unterschied. Dieser verstärkt sich nochmals, denn mit 83% ist die Studienanfängerquote von Akademikern dreieinhalb Mal so hoch wie die der Kinder von Nichtakademikern (23%). (vgl. BMBF 2007, DSW/HIS 18. Sozialerhebung S.8)

5.2 Die Studien zur Verteilungsgerechtigkeit

Die öffentliche Hochschulfinanzierung versus private Mitfinanzierung durch Studiengebühren im Bezug auf die Verteilungsgerechtigkeit wurde bereits in Längsschnitt- und Querschnittstudien erforscht. Bei den Längsschnittstudien geht es um die Frage, inwieweit der Studierende, der kostenlos studiert, im Laufe seiner Erwerbstätigkeit die Transfers dem Staat mittels seiner hochschulbezogenen Steuern zurückzahlt. In Diskussionen darüber, ob es gerecht ist, dass Handwerker ihre Meisterausbildung selbst zahlen müssen, während Studierende überall kostenlos studieren konnten, was sich durch die Einführung der Studienbeiträge ändern sollte, sind diese Ergebnisse interessant. Aus ökonomischer Sicht wird das Vorzeichen des Nettotransfers des Ausgebildeten errechnet. Die Forschungsergebnisse sind widersprüchlich. So kommen Grüske (1994) und Sternberg (2001) zu positiven Nettotransfers, wonach Studierende an den Staat weniger zurückzahlen als sie erhalten haben, dahingegen erhalten Sturn und Wohlfahrt (1999) unter Einbezug von zusätzlichen Besonderheiten und Effekten das Ergebnis negativer Nettotransfers.

Die Querschnittstudien liefern Daten dazu, inwiefern eine öffentliche Hochschulfinanzierung eine Einkommensumverteilung von oben nach unten bewirkt. Mit anderen Worten, ob die unteren Einkommensklassen gegenüber den oberen begünstigt beziehungsweise benachteiligt werden. Exemplarisch kann hier das Beispiel der Verkäuferin aufgeführt werden, die es nicht gerecht findet, die Berufsausbildung des Akademikers mitzufinanzieren. Für die Studien auf internationaler Ebene werden beide Verteilungseffekte ausgemacht. Im deutschsprachigen Raum hingegen zeigen die Ergebnisse von Grüske(1994), Sternberg (2001) Barbaro (2003) und Sturn und Wohlfahrt (1999) das einheitliche Bild der Progression, das heißt, dass eine Umverteilung zu Gunsten untere Einkommensklassen stattfindet. (vgl. Kupferschmidt und Wigger 2006, S.294-301) Werden die Längsschnittstudien, die wie dargestellt widersprüchlich sind, vernachlässigt, so weisen doch die Querschnittstudien darauf hin, dass einer weiteren Benachteiligung von unteren sozialen Statusgruppen nur entgegengewirkt werden kann, wenn die Studiengebühren so ausgestaltet sind, dass sozial Benachteiligte genauso „profitieren" wie sie es bei der öffentlichen Hochschulfinanzierung tun würden. Bezogen auf das Beispiel könnte im gesellschaftlichen Diskurs gegenüber der Verkäuferin erwähnt werden, dass sie beziehungsweise ihre Kinder von einer öffentlichen Hochschulbildung mehr profitieren würden als obere Einkommensklassen.

5.3 Die Studie des HIS-Hochschul-Informations-SystemGmbH

Die HIS-Hochschul-Informations-SystemGmbH führt Ende des Jahres 2006 bis zu Beginn des Jahres 2007 eine Studie zum Thema „Studiengebühren aus der Sicht von Studienberechtigten. Finanzierung und Auswirkungen auf Studienpläne und –strategien" durch. Als repräsentative Stichprobe wurden 5.240 Personen, welche im Schuljahr 2005/06 an allgemeinbildenden oder beruflichen Schulen das Abitur oder die Fachhochschulreife erlangt haben, befragt. Zum Erhebungszeitpunkt gab es in den zwei Bundesländern, Niedersachsen und Nordrhein-Westfalen, bereits Studiengebühren für Studienanfänger und weitere westdeutsche Länder planten deren Erhebung ab dem Sommersemester 2007 beziehungsweise dem Wintersemester 2007/08. Eine zentrale Aussage der Studie zur sozialen Gerechtigkeit sind die Prozentzahlen derer, die, bezogen auf den Bildungsabschluss von mindestens einem Elternteil, das gewünschte Studium aufgrund der Studienbeiträge nicht aufnehmen oder wegen der Studienaufnahme noch unsicher sind. Das Ergebnis ist hier aufgelistet:

- Universitätsabschluss: 3%
- Fachhochschulabsolventen: 5%
- Meisterprüfung/Technikerschulabschluss: 6%
- Lehre bzw. gleichwertige Berufsausbildung: 6%

(vgl. HIS 2008, S.15f.)

6 Das Fazit

Das Thema Studiengebühren und soziale Gerechtigkeit konnte im Rahmen dieser Studienarbeit nur ausschnittsweise betrachtet werden. Dennoch liefern die Studien zur Chancen- und Verteilungsgerechtigkeit bereits erste Hinweise darauf, dass sich die soziale Selektion im Bildungssystem durch Studiengebühren verstärkt.

7 Das Literaturverzeichnis

Bundesministerium für Bildung und Forschung (Hrsg.) (2007) Die wirtschaftliche und soziale Lage der Studierenden in der Bundesrepublik Deutschland 2006. 18. Sozialerhebung des Deutschen Studentenwerks durchgeführt durch HIS Hochschul-Informations-System – Ausgewählte Ergebnisse – Berlin: BMBF. Verfügbar über: http://www.studentenwerke.de/pdf/Kurzfassung18SE.pdf (Zugriff: 03.01.2011)

BVerfG, 2 BvF 1/03 vom 26. Januar 2005, Absatz-Nr. (1–94) Verfügbar über: http://www.bverfg.de/entscheidungen/fs20050126_2bvf000103.html (Zugriff: 03.01.2011)

Deutscher Akademischer Austauschdienst e.V. (Hrsg.) (2010) Studieren in Deutschland. Land der Ideen. Verfügbar über: http://www.study-in.de/de/--14687 (Zugriff: 28.12.2010)

Deutsches Studentenwerk (Hrsg.) (2010a) Informationen zu allgemeinen Studiengebühren/Studienbeiträgen. Verfügbar über: http://www.studentenwerke.de/pdf/Erhebung_allgemeine_Studiengebuehren.pdf (Zugriff: 28.12.2010)

Deutsches Studentenwerk (Hrsg.) (2010b) Übersicht: Studiengebühren in den 16 Bundesländern. Verfügbar über: http://www.studentenwerke.de/pdf/Uebersicht_Studiengebuehren_2010_alle.pdf (Zugriff: 28.12.2010)

Ebcinoglu, F. (2006) Die Einführung allgemeiner Studiengebühren in Deutschland. Entwicklungsstand, Ähnlichkeiten und Unterschiede der Gebührenmodelle der Länder. Hannover: HIS

Elsen, S. (2009) Verteilungsgerechtigkeit, Teilhabe und Anerkennung – Soziale Arbeit und Soziale Gerechtigkeit heute. München. Verfügbar über: http://www.liga-rlp.de/fileadmin/LIGA/Internet/Downloads/Dokumente/Dokumente_2009/S

usanne_Elsen_Soziale_Arbeit_und_Soziale_Gerechtigkeit_heute.pdf (Zugriff: 03.01.2011)

HIS-Hochschul-Informations-System GmbH (Hrsg.) (2008) Studiengebühren aus der Sicht von Studienberechtigten. Finanzierung und Auswirkungen auf Studienpläne und –strategien. Hannover: HIS. Verfügbar über: http://www.his.de/pdf/pub_fh/fh-200815.pdf (Zugriff: 04.01.2011)

Hochschulrektorenkonferenz (2004) Zur künftigen Finanzierung der Hochschullehre. Verfügbar über: http://www.hrk.de/de/beschluesse/109_1876.php?datum=202.+Plenum+am+8.+Juni+2004 (Zugriff: 05.01.2011)

Kraus, N. (2008): Die Debatte um Studiengebühren. Systematische Rekonstruktion eines rapiden Meinungswandels. Wiesbaden: Verlag für Sozialwissenschaften

Kupferschmidt, F. und Wigger B.U. (2006) Öffentliche versus private Finanzierung der Hochschulbildung: Effizienz- und Verteilungsaspekte. In: Perspektiven der Wirtschaftspolitik 7 (2): S.285-307

Schubert, K. und Klein, M. (2006) Das Politiklexikon. Chancengleichheit. 4. aktualisierte Auflage. Bonn: Dietz. Verfügbar über: http://www.bpb.de/popup/popup_lemmata.html?guid=TNC4CO (Zugriff: 03.01.2011)

BEI GRIN MACHT SICH IHR WISSEN BEZAHLT

- Wir veröffentlichen Ihre Hausarbeit, Bachelor- und Masterarbeit

- Ihr eigenes eBook und Buch - weltweit in allen wichtigen Shops

- Verdienen Sie an jedem Verkauf

Jetzt bei www.GRIN.com hochladen und kostenlos publizieren